PARTIE 1

L'HISTOIRE DE LA CARTOMANCIE

« SE CONNAÎTRE SOI-MÊME EST L'UNIQUE AVENTURE QUI VAILLE D'ÊTRE TENTÉE. »

Alejandro Jodorowsky

SOMMAIRE

INTRODUCTION 8

PARTIE 1

L'HISTOIRE DE LA CARTOMANCIE 13

LÀ OÙ TOUT A COMMENCÉ 15

QUELLE UTILITÉ AU TIRAGE DES CARTES ? 21

ORACLE, TAROT, QUEL JEU CHOISIR ? 27

PARTIE 2

LES ARCANES DU TAROT DE MARSEILLE 37

0. LE MAT 40

1. LE BATELEUR 42

2. LA PAPESSE 44

3. L'IMPÉRATRICE 46

4. L'EMPEREUR 48

5. LE PAPE 50

6. L'AMOUREUX 52

7. LE CHARIOT 54

8. LA JUSTICE 56

9 L'HERMITE 58

10. ROUE DE LA FORTUNE 60

11. LA FORCE 62

UNE QUÊTE DU BONHEUR

La quête du bonheur est, depuis toujours, un voyage que les humains ont tenté de cartographier. Pour cela, ils ont utilisé divers outils et, parmi eux, la cartomancie.

Afin d'accéder au bonheur, la connaissance de soi est primordiale, car avant de comprendre les autres, il est important de se connaître soi-même. Mieux se comprendre, connaître ses valeurs, ses besoins, ses limites, accepter nos ombres et nos lumières, c'est aller à la rencontre de soi pour vivre le chemin que notre âme a décidé de nous faire expérimenter. Développer une bonne relation avec soi pour mieux vivre avec les autres, c'est le message de bon nombre de jeux de cartes, et c'est ce que je vais vous expliquer ici, dans ce guide.

L'idée n'est pas de devenir la meilleure version de soi-même, car ce concept peut se révéler culpabilisant. L'objectif réside plutôt dans la volonté d'améliorer sa vie en acceptant que le chemin à parcourir soit semé d'embûches. Comme le héros au début d'une histoire, nous traversons le temps en cherchant l'équilibre dans le déséquilibre et l'impermanence de la vie. Gardez en tête que tout évolue : votre environnement, vos besoins, votre entourage, etc. En effet, vous n'êtes plus la même personne qu'hier, et qui sais ce que l'avenir vous réserve !

Inutile d'avoir hérité du don de votre grand-mère pour explorer ce guide. Nous sommes tous toujours légitimes à chercher des réponses pour vivre mieux, et je souhaite vous montrer que cheminer avec les cartes peut être transformateur, et à quel point la connaissance de soi peut se révéler puissante. Bienvenue dans l'univers des cartes !

LE PENDU
XII
VIII
L'ETOILE

Marie YOUPIE
@marie.meya

LE PETIT GUIDE DE TIRAGES DES CARTES

Tarot · Oracle · Interprétations

mll

STRENGTH
CHARIOT.
THE EMPEROR.
TEMPERANCE.

QUI PEUT AVOIR RECOURS À CETTE PRATIQUE ?

Cette pratique est utilisée par des personnes en quête de réponses, de conseils ou d'aperçus sur des questions personnelles, professionnelles ou amoureuses. Elle est généralement employée par des individus cherchant à explorer leur destin, à prendre des décisions éclairées ou à comprendre des situations complexes.

Les praticiens de la cartomancie, appelés cartomanciens, offrent leurs services à ceux qui souhaitent un éclairage divinatoire basé sur l'interprétation des cartes.

PEUT-ON PRÉDIRE L'AVENIR EN TIRANT LES CARTES ?

Le tirage des cartes prétend offrir des informations sur l'avenir, mais il est important de noter que cela relève de la croyance et de la divination plutôt que d'une science prouvée. Les cartomanciens interprètent les cartes pour donner des indications sur ce qui pourrait se produire dans le futur, mais il n'y a aucune garantie d'exactitude. Les résultats de la cartomancie sont souvent subjectifs et dépendent de l'interprétation du cartomancien. Certains y croient et trouvent des réponses significatives, tandis que d'autres considèrent la cartomancie comme une forme de divertissement ou de réflexion personnelle plutôt que comme une méthode de prédiction précise de l'avenir.

12. LE PENDU 64
13. LA MORT OU L'ARCANE SANS NOM 66
14. LA TEMPÉRANCE 68
15. LE DIABLE 70
16. LA TOUR OU LA MAISON DIEU 72
17. L'ÉTOILE 74
18. LA LUNE 76
19. LE SOLEIL 78
20. LE JUGEMENT 80
21. LE MONDE 82

PARTIE 3
APPRENDRE À TIRER LES CARTES 85
RITUEL POUR ADOPTER UN NOUVEAU JEU 87
COMMENT POSER LES BONNES QUESTIONS ? 97
COMMENT COMPRENDRE LE MESSAGE DES CARTES ? 101
COMMENT TIRER LES CARTES ? 109

CONCLUSION 124
INDEX 126

INTRODUCTION

QU'EST-CE QUE LA CARTOMANCIE ?

La cartomancie est une forme de divination qui utilise des cartes, telles que les cartes de tarot ou les cartes de jeu ordinaires, pour prédire l'avenir, révéler des informations sur une personne ou offrir des conseils. Les cartomanciens interprètent les symboles, les combinaisons et les positions des cartes pour donner des perspectives sur des questions personnelles, amoureuses, ou professionnelles. Cette pratique repose sur la croyance en la signification symbolique des cartes et est utilisée depuis des siècles pour obtenir des éclaircissements sur divers aspects de la vie.

LÀ OÙ TOUT A COMMENCÉ

D'OÙ VIENT LE TIRAGE DES CARTES ?

La pratique de la divination et de la connaissance de soi remonte à l'Antiquité et a évolué au fil des cultures et des époques. Les méthodes de prédiction ont varié en fonction des croyances et des besoins des différentes civilisations. Par exemple, les augures de la civilisation romaine observaient les oiseaux et la météo pour prédire l'avenir. Les Chinois utilisaient des os de tortue. Quant aux Vikings et aux Celtes, ils utilisaient les runes. Certaines personnes lisaient et lisent toujours l'avenir dans les feuilles de thé. En réalité, notre imagination est notre seule limite dans l'art de la divination !

Après avoir utilisé leur environnement naturel, les humains ont fait évoluer leurs pratiques en fonction des découvertes de leur époque. L'imprimerie est née en 1454 et les cartes à jouer ont été introduites en Europe au XIVe siècle, probablement par les mamelouks d'Égypte. Les premières cartes européennes étaient similaires aux cartes arabes, avec des symboles représentant des coupes, des épées, des bâtons et des deniers. Plus tard, des cartes à jouer françaises avec des symboles de trèfle, de pique, de cœur et de carreau ont été développées, et ces symboles sont encore utilisés aujourd'hui dans les jeux de cartes occidentaux traditionnels.

D'UN JEU DE CARTES À UNE PRATIQUE DIVINATOIRE

Les cartes ont commencé à être utilisées pour la divination à partir du XIVe siècle en France. L'utilisation des cartes divinatoires est devenue populaire en Europe à partir du XVIIIe siècle et continue à se développer encore aujourd'hui.

Au fil des siècles, les cartes sont devenues de plus en plus populaires, et de nombreux jeux ont été développés. Ces jeux sont souvent associés à la culture et à la tradition de différents pays, et chaque pays possède ses propres jeux de cartes.

Aujourd'hui, les cartes sont utilisées à des fins de divertissement, de jeu et de magie mais aussi pour la divination et pour la connaissance de soi.

Après les jeux composés de 54 cartes que l'on connaît tous, le tarot de Marseille est né dès le XVIIe siècle.

LA NAISSANCE DU TAROT DE MARSEILLE

L'origine exacte du tarot de Marseille est incertaine, mais nous pensons qu'il a été créé en Italie et importé en France, au départ comme un jeu de cartes pour le divertissement.

Avec le temps, le tarot de Marseille est devenu un outil populaire pour la divination et le tirage de cartes. Ces dernières sont utilisées pour interpréter les événements passés, présents et futurs, ainsi que pour comprendre les énergies qui influencent la vie de la personne qui les consulte.

Certaines personnes pensent que ce jeu renferme des messages transmis par des initiés, cachés dans ces images. Des alchimistes auraient mis en place cette imagerie pour développer un travail de connaissance de l'âme humaine.

Aujourd'hui, le tarot de Marseille continue d'être utilisé comme un outil de divination, de travail sur soi et de méditation dans le monde entier. Il est considéré comme l'un des jeux de cartes les plus populaires et les plus influents de l'Histoire. Le tarot de Marseille est également apprécié pour ses illustrations et ses symboles riches en significations. Les images des arcanes majeurs ont inspiré de nombreux artistes et écrivains au fil des siècles, comme Dali et Niki de Saint Phalle, qui ont refait les arcanes majeurs. Des scénaristes s'en servent aussi pour trouver des idées de scénarios. Le tarot a inspiré de nombreux musiciens comme Jain avec son titre *The Fool*.

Gardez votre esprit ouvert. Il est possible de faire de la divination ou de recevoir des messages même avec un jeu de cartes basique, un jeu de dés, des dominos, des bâtons, ou encore avec des feuilles de thé ! Tout est possible, peu importe l'outil, tant que vous êtes connecté à lui.

Dans ce guide, nous allons nous concentrer sur l'utilisation des cartes comme outil de connaissance de soi. Bien que les astuces que nous allons partager avec vous puissent s'appliquer à différents supports, notre principal objectif est de vous aider à mieux comprendre comment utiliser les cartes pour votre bien-être. En fin de compte, l'utilisation des cartes est un moyen puissant d'explorer votre vie et de trouver des réponses à vos questions les plus profondes. Alors, n'hésitez pas à vous inspirer de ce guide et à trouver votre propre façon de travailler avec les cartes.

THE NEW LIFE LIBRARY
TAROT
XVII
THE STAR.
AND DAVID

XIII
XVI
LE · BATELEUR
L'IMPÉRATRICE

QUELLE UTILITÉ AU TIRAGE DES CARTES ?

CONSERVER NOTRE POUVOIR INTÉRIEUR

La cartomancie est une pratique qui fascine de nombreuses personnes. Elle offre la possibilité de répondre à des questions importantes sur notre vie. Cependant, il est crucial de garder notre discernement.

Les cartes peuvent être considérées comme des alliées et des aides sur notre parcours, des messages de l'univers. Cependant, elles ne sont pas une réponse absolue à nos choix de vie. Elles peuvent nous permettre de réfléchir à une situation, mais elles ne doivent jamais être considérées comme la seule réponse à nos problèmes.

Il est essentiel de garder notre pouvoir intérieur et de prendre des décisions qui correspondent à nos convictions. Parfois, un simple changement de perspective suffit pour prendre conscience que la solution était déjà présente en nous : une prise de recul, une balade dans la forêt, etc. Une reconnexion à ce qui compte vraiment peut être aussi salvatrice qu'un tirage de cartes, donc restez ancrés à la réalité.

Voici quelques points à considérer pour utiliser cet outil avec sagesse et discernement :

- **La cartomancie ne doit jamais être considérée comme une réponse absolue.** Les cartes peuvent nous donner des indications sur l'avenir, mais elles ne peuvent pas prédire avec certitude ce qui va se passer. Il est important de garder à l'esprit que nous avons toujours le pouvoir de changer notre destin, nous sommes souverains de notre vie. Les cartes ne doivent pas être utilisées pour prendre des décisions à notre place. Elles peuvent nous aider à y voir plus clair, mais il est essentiel de prendre la responsabilité de nos choix et de suivre notre propre intuition.

- **La cartomancie ne doit pas être utilisée pour manipuler les autres.** Les cartes peuvent donner des indications sur les intentions et les émotions des autres, mais il est important de respecter leur libre arbitre et de ne pas chercher à les contrôler. Avant de tirer les cartes pour une personne, demandez-lui son consentement et évitez les questions sur la santé.

- **Enfin, il est important de garder à l'esprit que la cartomancie ne remplace pas la prise en charge professionnelle** en cas de problèmes de santé physique ou mentale. Elle peut être un complément, mais jamais une substitution à un traitement médical.

PETITE ANECDOTE

Dans ma famille, voir des magnétiseurs, des voyants, ou croire à l'invisible est la norme. Cependant, une histoire m'a fait comprendre que l'esprit critique devait toujours prévaloir sur le message des cartes.

Un voyant m'a un jour raconté qu'il recevait une femme d'une cinquantaine d'années depuis longtemps pour parler de sa vie sentimentale. Un jour enfin, les cartes sont catégoriques : oui, cette personne rencontrée était bel et bien l'homme de sa vie. Cette dame, tout heureuse, se lança sans hésiter dans cette idylle qui s'avéra finalement très toxique et destructrice. Pourtant, ce voyant était fiable et responsable et il s'en est toujours voulu sans pour autant comprendre pourquoi il s'était trompé ce jour-là.

Autre histoire, une amie consultait régulièrement une voyante. Un jour, après avoir acheté une maison avec son compagnon, qu'elle aimait beaucoup, elle a décidé d'aller lui rendre visite. Celle-ci lui a révélé que cet homme qui partageait sa vie n'était, en réalité, pas l'homme de sa vie. En conséquence, cette amie n'a plus jamais investi de temps dans sa relation car elle était persuadée qu'elle s'était trompée et que les cartes avaient raison. Même si elle l'aimait, le message des cartes est toujours resté dans sa tête, en toile de fond.

Depuis, j'utilise les cartes pour mon introspection, mais jamais pour prendre des décisions importantes, car lorsque nous sommes fragiles, nous serions prêts à croire n'importe qui et n'importe quoi pour dix secondes de mieux-être.

3 of Cups

VI
THE GREENS.
THE STEEPED ONE.

ORACLE, TAROT, QUEL JEU CHOISIR ?

En matière de cartes, il y a trois grandes familles : les cartes à jouer, les oracles et les tarots.

Je vous explique ici quelles en sont les différences.

LES CARTES À JOUER

Les **cartes à jouer** traditionnelles peuvent être utilisées en cartomancie. Il existe beaucoup de types de jeux, certains contiennent 54 cartes comme celui utilisé pour le poker, d'autres n'ont que 32 cartes, pour jouer à la belote par exemple. Comme expliqué précédemment, il est possible d'utiliser n'importe quel jeu et de créer un lexique pour entrer en connexion avec lui, en déterminant que telle carte porte tel message, etc.

Il existe aussi des livres dédiés à la divination avec les cartes à jouer traditionnelles.

LES ORACLES

Les **oracles** sont une version libre des jeux de cartomancie. Ils peuvent revêtir n'importe quel thème, allant des animaux aux éléments de la nature, en passant par les séries télévisées et même les champignons. Certains oracles sont simplement des cartes avec des mots dessus, ou des dessins.

Le nombre de cartes qui composent un oracle peut également varier, la forme des cartes est libre, ce qui en fait un outil de divination ou de connaissance de soi très flexible et personnalisable. Il est tout à fait possible de créer son propre oracle et même de customiser les cartes d'un jeu existant, en coupant leurs bords par exemple, ou en changeant la couleur de leur dos. Puisque le but est de se connecter à son jeu, autant en faire ce que l'on veut.

Les oracles sont souvent utilisés pour offrir des conseils ou pour fournir des messages inspirants.

Les cartes d'un oracle peuvent être interprétées de différentes manières, en fonction du contexte de la lecture et des associations personnelles de la personne qui effectue la lecture.

En général, un oracle est fourni avec un livret d'explication pour chaque carte, sauf s'il s'agit d'un oracle intuitif, où chaque carte nous délivre un message personnel que l'on doit ressentir, en mettant notre mental de côté.

Il existe des oracles axés sur la connaissance de soi en développement personnel qui permettent de réfléchir à ses besoins et d'obtenir un message de l'univers. D'autres oracles sont très connus et largement utilisés pour la divination, comme *L'Oracle Gé* et *L'Oracle Belline*.

LES TAROTS

Les **tarots** sont eux aussi variés. Il existe le tarot à jouer, et également le tarot de Marseille.

Dans un jeu de tarot de Marseille, la structure est codifiée comme pour le tarot à jouer : le thème, la forme des cartes et le design peuvent changer, mais la structure reste toujours la même. Les cartes sont appelées « arcanes ». Le jeu se compose de 78 arcanes, dont 22 majeurs et 56 mineurs.

Les 56 mineurs sont ceux que l'on utilise pour jouer à la bataille, au bridge, etc. Ils sont numérotés de 1 à 10, plus les personnages de la cour : le valet, la dame et le roi. Le cavalier a été ajouté dans le tarot de Marseille.

Dans les arcanes mineurs du tarot de Marseille, ce ne sont pas les cœurs, les trèfles, les carreaux ni les piques qui sont utilisés mais les deniers, les bâtons, les coupes et les épées.

Les premiers tarots de Marseille retrouvés entiers sont ceux de Jean Dodal, Jean Noblet et Neuville. On les nomme les « tarots sources ».

Ce sont ceux qui parleraient le plus à notre inconscient, car leurs imageries seraient créées à partir du fameux « nombre d'or » – comme les pyramides –, et aussi de symboles « magiques », de fractales, etc. Il est dit que les images auraient des vertus magiques, libre à chacun d'y croire ou non.

Actuellement, le tarot de Marseille le plus répandu pour débuter en cartomancie est celui de Philippe Camoin et Alejandro Jodorowsky. Sur ce tarot de Marseille, tous les symboles des divers tarots de Marseille ont été minutieusement rassemblés pour en faire un unique, basé sur les dessins originaux.

Enfin, il existe également le tarot type *Rider Waite**, inspiré du tarot de Marseille mais qui se différencie surtout par ses arcanes mineurs représentant des scènes de vie, contrairement au tarot de Marseille où sont dessinés des symboles.

* Le *Rider Waite* est la version anglaise du tarot de Marseille. La seule différence entre les deux est que la Force et la Justice sont inversées dans leur ordre mais leur signification reste la même.

Le tarot *Rider Waite* est orné de moins de symboles chrétiens moyenâgeux que le tarot de Marseille. Ils ont été remplacés par des symboles à la mode dans les milieux ésotériques de l'époque : des symboles égyptiens.

Pour résumer

Si vous souhaitez un tarot de Marseille, le plus facile à utiliser est le jeu type *Rider Waite Smith*, car les dessins des arcanes mineurs sont plus simples à décoder, et donc plus faciles à interpréter lorsqu'il est question de les utiliser pour le tirage des cartes.

Si ce qui compte pour vous est d'avoir un objet proche de l'original, il vous faudra donc plutôt choisir un tarot dit de Marseille, plus ancien, de type Dodal ou Noblet.

Si vous préférez aller vers un oracle, un jeu de cartes à jouer ou un tarot à jouer, je vous invite à aller visiter une boutique qui vend des oracles pour pouvoir toucher les cartes, voir les dessins, etc. Il existe des oracles ronds, carrés, des cartes fines, des plus épaisses, des dessins de styles très différents, etc. Prenez le temps de choisir le vôtre

O. The FOOL
XII. The HANGED MAN
XIX. The SUN
IV
III

PARTIE 2

LES ARCANES DU TAROT DE MARSEILLE

Il est possible de voir le tarot comme une BD cosmique, celle de notre incarnation, avec, sur chaque carte, un personnage que l'on nomme arcane ou archétype et qui est là pour nous délivrer un certain message.

LES ARCANES MAJEURS DU TAROT DE MARSEILLE

- Au départ, il y a **le Bateleur** qui est la carte avec le chiffre I dans le tarot de Marseille. Dans cette histoire, il va devoir traverser quatre grandes étapes dans son voyage vers l'équilibre et la connaissance de soi.

- L'enfance, en rencontrant **la Papesse** (II) sa grand-mère, **l'Impératrice** (III) sa mère, **l'Empereur** (IV) son père, et **le Pape** (V) son grand-père. Il découvre ceux qui vont lui apprendre à vivre cette incarnation.

- L'adolescence commence avec **l'Amoureux** (VI) : il découvre l'amour hors de sa famille et l'engagement. Puis vient **le Chariot** (VII) : on le voit sur cette carte sûr de lui, fort de son héritage, prêt à conquérir le monde ; mais **la Justice** (VIII) le regarde, froide et intransigeante. Elle lui propose de continuer son cheminement et son introspection en rencontrant **l'Hermite** (IX), qui va l'accompagner dans la connaissance de soi. Avec **la Roue de fortune** (X), il va apprendre l'humilité et les jeux du destin, ainsi que l'impermanence.

- Après cette initiation, **la Force** (XI) lui apprend à se responsabiliser puis **le Pendu** (XII) lui offre une pause pour apprécier la vie.

  La pause se termine quand **la Mort** (XIII) (ou l'Arcane sans nom) anéantit tout sur son passage pour faire table rase du passé et repartir de plus belle. Avec **la Tempérance** (XIV), notre Bateleur va se rendre compte du pouvoir de l'équilibre et des énergies. Et **le Diable** (XV) vient lui montrer comment profiter de son corps de chair.

- **La Tour** (XVI) (ou la Maison Dieu) arrive tel un coup de foudre sur ses croyances et l'invite à déconstruire tout ce qu'il prenait comme acquis, et **l'Étoile** (XVII) vient le rassurer en lui apprenant que se mettre à nu nous connecte à plus grand. **La Lune** (XVIII) le guide dans la nuit, quand **le Soleil** (XIX) l'aide à se reconstruire ; puis vient avec **le Jugement** (XX), l'arcane de l'éveil, la résurrection. Le Bateleur a grandi, il est prêt à être en paix dans **le Monde** (XXI). Il fait partie du grand tout, c'est l'aboutissement d'une vie, le retour à la source.

- **Le Mat** (0), quant à lui, est un atypique qui ne suit pas les sentiers battus, il est libre et va où son cœur l'appelle.

Quand vous ouvrez votre jeu de tarot de Marseille pour la première fois, vous découvrez un livret qui contient les explications de chaque carte. Cependant, je vous propose ici des mots-clés et des idées de questions à vous poser lorsque vous tirez une carte majeure du tarot de Marseille.

0
Le Mat

0. LE MAT

Énergies hautes :

départ ; liberté ; voyage ; quête ; originalité ; pèlerin ; visionnaire ; génie ; élan ; non-conformisme ; indépendance ; spontanéité.

Énergies basses :

anarchisme ; impulsivité ; immaturité ; irresponsabilité ; soucis ; dissipation ; fuite.

Les questions que je peux poser dans mon cahier d'introspection si je tire cette carte :

- « Qu'est-ce qui me bloque pour croire en mes rêves ? » ;
- « Qu'est-ce qui m'empêche de développer mon potentiel ? » ;
- « Comment me libérer de mes chaînes ? » ;
- « Comment être moi sans masque social ? ».

I
LE BATELEUR

1. LE BATELEUR

Énergies hautes :

commencement ; fougue ; vitalité ; action ; initiative ; initiation ; ambition ; joie ; discipline ; créativité ; naïveté.

Énergies basses :

égocentrisme ; désorganisation ; immaturité ; instabilité ; influençabilité ; escroquerie ; opportunisme.

Les questions que je peux poser dans mon cahier d'introspection si je tire cette carte :

- « Qu'est ce qui rend heureux mon enfant intérieur ? » ;
- « Quelle est la première étape à franchir pour tel objectif ? » ;
- « Comment me reconnecter à l'enfant que j'étais ? » ;
- « Comment continuer à me nourrir de mes multiples passions ? ».

II
B
J
TORA
La Papesse

2. LA PAPESSE

Énergies hautes :

foi ; intuition ; initiation ; enseignement ; secret ; étude ; écriture ; introspection ; mystère ; féminité ; spiritualité.

Énergies basses :

solitude ; impassibilité ; indifférence ; rigidité ; féminité cachée ; problèmes de communication ; pause ; ennui ; surprotection ; passivité.

Les questions que je peux poser dans mon cahier d'introspection si je tire cette carte :

- « Qu'est-ce que je n'ose pas m'avouer ? » ;
- « Comment développer mon intuition ? » ;
- « Qu'est-ce que j'apprends en ce moment ? » ;
- « Pourquoi je me cache ? » ;
- « Est-ce que je suis suffisamment à l'écoute de mon corps ? ».

III
L'Impératrice

3. L'IMPÉRATRICE

Énergies hautes:

créativité ; communication ; pouvoir ; amour maternel ; protection ; fertilité ; sexualité ; infirmière ; à sa place ; reconnaissance ; puissance intérieure ; abondance.

Énergies basses:

caprice ; domination ; mère castratrice ; surprotection ; indifférence à son propre bonheur ; manque de reconnaissance ; incapacité à prendre sa place.

Les questions que je peux poser dans mon cahier d'introspection si je tire cette carte:

- « Comment avancer sur ma manière de communiquer ? » ;
- « Quelles étaient les croyances limitantes de ma mère dont j'ai pu hériter ? » ;
- « Comment développer ma créativité ? » ;
- « Comment assumer mon énergie féminine ? ».

IV
L'Empereur

4. L'EMPEREUR

Énergies hautes :

structure ; paternité ; logique ; protection ; expériences ; responsabilité ; sécurité ; foyer ; loyauté.

Énergies basses :

anxiété ; obstination ; insensibilité ; patriarcat ; domination.

Les questions que je peux poser dans mon cahier d'introspection si je tire cette carte :

- « Est-ce que je sais dire “non” aux autres, pour me dire “oui” à moi ? » ;
- « Par quelle étape commencer pour mieux m'organiser ? » ;
- « Comment sortir du perfectionnisme qui bloque ma créativité ? » ;
- « Comment rester souverain de ma vie ? » ;
- « Comment sortir de mes ruminations et mieux me comprendre ? » ;
- « Comment sortir de cette rigidité qui me bloque ? ».

V
Le Pape

5. LE PAPE

Énergies hautes:

harmonie ; enseignement ; bienveillance ; guide ; communication ; sagesse ; prêtrise ; union ; bénédiction ; parole.

Énergies basses:

despotisme ; ego spirituel ; moralisateur ; gourou ; intolérance.

Les questions que je peux poser dans mon cahier d'introspection si je tire cette carte:

- « Qu'est-ce que j'aimerais transmettre au monde ? » ;
- « Est-ce que je me sens suffisamment légitime ? » ;
- « Si non, pourquoi ? » ;
- « Pourquoi est-ce que je n'ose pas demander de l'aide ? » ;
- « Comment nourrir ma spiritualité ? ».

VI
L'Amoureux

6. L'AMOUREUX

Énergies hautes :

engagement ; sociabilité ; choix du cœur ; respect ; communauté ; amitié ; couple.

Énergies basses :

peur de s'engager ; indécision ; tromperies ; immobilisme ; incapacité à déterminer ce qui est bon pour soi ; dépendance affective ; immaturité sentimentale ; émotivité.

Les questions que je peux poser dans mon cahier d'introspection si je tire cette carte :

- « Est-ce que je me sens capable d'être différent ? » ;
- « Suis-je prêt à m'engager dans la voie que j'ai choisie en dépit des jugements des autres ? » ;
- « Comment accepter l'amour que les autres me renvoient ? » ;
- « Pourquoi est-ce que je n'ose pas demander de l'aide ? » ;
- « Quelles sont mes valeurs profondes ? ».

VII
Le Chariot

7. LE CHARIOT

Énergies hautes :

victoire ; triomphe ; succès ; maîtrise par l'équilibre ; discipline ; accomplissements ; indépendance ; ambition ; action dans le monde ; esprit d'entreprise.

Énergies basses :

ego qui dirige ; manque de reconnaissance ; orgueil ; colonisation ; conquête ; superficialité.

Les questions que je peux poser dans mon cahier d'introspection si je tire cette carte :

- « Pourquoi ai-je besoin de briller, d'être reconnu ? » ;
- « Quelle direction dois-je prendre pour donner un sens à ma vie ? » ;
- « Où en suis-je dans mon voyage d'incarnation ? ».

VIII
La Justice

8. LA JUSTICE

Énergies hautes :

médiation ; discipline ; administration ; perfection ; harmonie ; avocat ; justesse.

Énergies basses :

perfectionnisme ; autoritarisme ; intolérance ; mensonge ; interdiction ; procès ; conflit.

Les questions que je peux poser dans mon cahier d'introspection si je tire cette carte :

- « Comment m'aligner pour vivre selon mes besoins et mes convictions ? » ;
- « Comment être plus responsable dans mon quotidien ? » ;
- « Comment faire taire mon juge intérieur ? ».

IX
L'Hermite

9. L'HERMITE

Énergies hautes :

pèlerinage ; chaman ; druide ; éveil ; thérapeute ; mise en lumière ; étude ; patience ; introspection ; chercheur ; sagesse ; prudence ; altruisme.

Énergies basses :

passivité ; lenteur ; alcoolisme ; père absent ; isolement ; solitude ; doutes.

Les questions que je peux poser dans mon cahier d'introspection si je tire cette carte :

* « Qu'est-ce que je cherche en ce moment ? » ;
* « Quelle partie de ma vie a besoin d'être éclairée en ce moment ? » ;
* « Est-ce que je sais me satisfaire de ma propre compagnie ? » ;
* « Comment suivre mon propre chemin avec foi ? ».

X
La Roue de Fortune

10. LA ROUE DE FORTUNE

Énergies hautes :

action sur notre destin ; changement ; évolution ; mouvement ; avant-gardisme ; « ne jamais dire jamais » ; chance ; fin de cycle ; fortune ; évolution ; réincarnation.

Énergies basses :

schémas répétitifs ; karma ; peur du changement ; blocages ; impasse ; répétition des mêmes erreurs.

Les questions que je peux poser dans mon cahier d'introspection si je tire cette carte :

- « Quels schémas répétitifs est-ce que je reproduis sans cesse ? » ;
- « Quelle évolution ai-je envie de vivre ? » ;
- « Comment trouver l'harmonie dans le déséquilibre constant de la vie ? ».

XI
La Force

11. LA FORCE

Énergies hautes :

maîtrise des énergies ; courage ; puissance consciente et douce ; résilience ; alignement.

Énergies basses :

vengeance ; puissance non maîtrisée ; colère à canaliser ; manque de contrôle sur soi ; refoulement ; obstination ; violence ; difficultés d'expression.

Les questions que je peux poser dans mon cahier d'introspection si je tire cette carte :

* « Sur quel pan de ma vie ai-je l'impression de trop forcer ? » ;
* « M'a-t-on appris à forcer pour atteindre mes objectifs ? Est-ce que cela me sert, ou me dessert ? » ;
* « Ai-je la croyance de devoir subir les inconvénients de la vie pour vivre de manière épanouie ? » ;
* « Ai-je assez confiance en moi pour croire en mes capacités ? » ;
* « Comment développer ma force intérieure ? ».

XII
Le Pendu

12. LE PENDU

Énergies hautes :

calme ; pause ; yoga ; méditation ; lâcher-prise ; nouvelle vision ; libération ; absence de jugement ; singularité ; non-conformisme.

Énergies basses :

passivité ; blocages dus aux liens généalogiques ; anxiété ; dépression ; stagnation ; refus des responsabilités ; fainéantise ; arrêt ; lassitude ; autopunition ; fœtus ; sacrifice ; immobilité.

Les questions que je peux poser dans mon cahier d'introspection si je tire cette carte :

- « Dans quel domaine est-ce que je me sacrifie ? » ;
- « Est-ce que je suis capable de vivre dans l'instant présent ? » ;
- « Est-ce que je sais me remettre en question ? » ;
- « Suis-je capable d'entendre et d'accepter les points de vue d'autrui ? ».
- « Comment sortir de ma loyauté toxique ? »

XIII
La Mort

13. LA MORT OU L'ARCANE SANS NOM

Énergies hautes :

changement de cycle ; renaissance ; nettoyage ; restructuration ; suppression des entraves ; grands changements à affronter ; transformation ; épuration.

Énergies basses :

résistance au changement ; échec ; perte ; autodestruction ; rupture ; destruction ; fuite en avant ; deuil.

Les questions que je peux poser dans mon cahier d'introspection si je tire cette carte :

- « Quelle page de ma vie dois-je tourner ? » ;
- « Qu'est-ce qui se transforme en moi en ce moment ? » ;
- « Quelles pensées cultiver sur ce nouveau terreau fertile que j'ai créé ? ».

XIV
La Tempérance

14. LA TEMPÉRANCE

Énergies hautes :

harmonie ; protection ; communication ; douceur ; guérison ; mesure ; santé ; modération ; échanges ; se modérer ; communication avec l'invisible.

Énergies basses :

excès ; manque de douceur ; mauvaise gestion des émotions ; communication compliquée ; dépendance ; blocage énergétique ; déséquilibre.

Les questions que je peux poser dans mon cahier d'introspection si je tire cette carte :

- « Dans quel domaine suis-je excessif ? » ;
- « Qu'est-ce qui me pousse à trouver l'équilibre ? » ;
- « Dans quel domaine est-ce que je manque d'harmonie ? » ;
- « Est-ce que je bouge assez ? Ai-je l'esprit suffisamment ouvert ? ».

XV
Le Diable

15. LE DIABLE

Énergies hautes :

créativité pure ; humour ; intelligence ; artiste ; passion ; feu intérieur ; sexualité consciente ; intelligence ; pouvoir ; pulsions ; argent.

Énergies basses :

tyrannie ; gourou ; mensonge ; craintes ; travail des profondeurs ; manipulation ; toxicité.

Les questions que je peux poser dans mon cahier d'introspection si je tire cette carte :

- « Comment développer ma créativité ? » ;
- « Est-ce que j'ose suffisamment sortir de ma zone de confort ? » ;
- « Quelle est ma zone de génie, de *flow*, où je me sens exceller ? » ;
- « Quels sont les liens toxiques qui bloquent mon expansion ? » ;
- « Comment cultiver mon humour pour ne pas prendre la vie trop au sérieux ? ».

XVI
La Tour

16. LA TOUR OU LA MAISON DIEU

Énergies hautes :

construction ; libération ; expression ; ego ; vérité ; imprévu ; crise salutaire ; fête ; danse ; déménagement ; secret révélé ; illumination.

Énergies basses :

dépression ; enfermement ; non-dits ; explosion ; bouleversement ; surprotection ; crise ; orgueil spirituel ; traumatisme ; séparation.

Les questions que je peux poser dans mon cahier d'introspection si je tire cette carte :

- « Que dois-je déconstruire pour me libérer de mon exigence ? » ;
- « Quand ai-je ressenti un coup de foudre pour la dernière fois ? Dans quel domaine ? » ;
- « Qu'est-ce qui me permet de prendre confiance en mes capacités et de m'élever malgré les avis et les jugements extérieurs ? » ;
- « Quelles sont les choses difficiles que j'ai faites et qui m'ont apporté beaucoup de bonheur ? ».

XVII
L'Étoile

17. L'ÉTOILE

Énergies hautes :

don de soi ; générosité ; authenticité ; vérité ; intuition ; fertilité ; bonne étoile ; guide ; protection ; confiance ; mise à nu ; pardon ; réceptivité ; paix ; connexion à la nature ; pureté ; abandon du pouvoir ; action dans le monde ; chance ; star ; médiateur ; à sa place.

Énergies basses :

épuisement ; aucune intuition ; quête vaine de reconnaissance ; don de soi malavisé ; naïveté ; perte de spiritualité ; générosité excessive.

Les questions que je peux poser dans mon cahier d'introspection si je tire cette carte :

- « Est-ce que je m'épuise à vouloir trop aider les autres, en m'oubliant ? » ;
- « Pourquoi est-ce que je donne trop, à quoi cela me sert-il ? » ;
- « Comment nourrir mon cerveau pour qu'il reste passionné ? » ;
- « Comment améliorer la relation que j'entretiens avec mon corps ? » ;
- « Comment célébrer mon corps pour l'aimer tel qu'il est ? » ;
- « Comment garder confiance en ma bonne étoile ? » ;
- « Comment garder mon authenticité et mon cœur d'enfant ? ».

XVIII
La Lune

18. LA LUNE

Énergies hautes :

mère ; inspiration ; inconscient ; médiumnité ; émotion ; maternité ; clairvoyance ; cycles ; rêves ; transformation profonde.

Énergies basses :

peur ; doute ; versatilité ; manque de discernement ; confusion ; angoisses ; ce qui est caché ; vampire énergétique.

Les questions que je peux poser dans mon cahier d'introspection si je tire cette carte :

- « Est-ce que je connais bien mes cycles et mes besoins ? » ;
- « Quelle est la dernière peur que j'ai surmontée ? » ;
- « Quelle est la relation que j'entretiens avec les femmes ? » ;
- « Est-ce que j'écoute suffisamment mon intuition ? Quelle est la dernière fois où j'ai eu raison de le faire ? ».

XIX
Le Soleil

19. LE SOLEIL

Énergies hautes :

couple ; charisme ; transmission de sa propre énergie ; partage social ; entraide ; enfance ; humanisme ; communauté ; amour inconditionnel ; construction ; abondance ; accomplissement ; réussite ; bonheur.

Énergies basses :

ego surdimensionné ; orgueil ; vanité.

Les questions que je peux poser dans mon cahier d'introspection si je tire cette carte :

- « Qu'est-ce qui illumine mon quotidien ? » ;
- « Comment m'épanouir encore plus pour briller ? » ;
- « Qu'est-ce qui me permet de cultiver la joie ? » ;
- « En quoi suis-je riche en ce moment ? » ;
- « Qu'est-ce que j'ai accompli qui peut me rendre fier ? ».

XX
Le Jugement

20. LE JUGEMENT

Énergies hautes :

renaissance ; éveil spirituel ; clairaudience* ; famille ; bonne nouvelle ; vocation ; musique ; nouvelle conscience ; renouveau.

Énergies basses :

sentiment d'être jugé ; sévérité envers les autres ; sévérité envers soi-même ; sentiment d'illégitimité ; peur de ce qui est nouveau ; stagnation due au passé qui nous ronge ; culpabilité.

Les questions que je peux poser dans mon cahier d'introspection si je tire cette carte :

- « Comment me rapprocher le plus de ce en quoi je crois ? » ;
- « Est-ce que je sais faire face aux critiques et aux jugements ? » ;
- « Est-ce que je suis prêt à aller plus loin dans la connaissance de mes valeurs et de mes besoins ? » ;
- « Qu'est-ce qu'il est temps de changer pour accueillir ce renouveau ? ».

* Le clairaudient a la capacité d'établir un dialogue avec l'esprit de personnes vivantes ou décédées.

XXI
Le Monde

21. LE MONDE

Énergies hautes :

canal ; éveil ; plénitude ; accomplissement ; joie.

Énergies basses :

enfermement ; ego ; difficultés à s'accomplir.

Les questions que je peux poser dans mon cahier d'introspection si je tire cette carte :

- « Qu'est-ce qui m'aide à me sentir dans ma bulle ? » ;
- « Quels sont mes piliers pour me sentir en sécurité ? » ;
- « Comment nourrir mon âme ? » ;
- « Quelle place centrale est-ce que je souhaite occuper dans ma vie ? » ;
- « Qu'est-ce qui me manque pour me sentir accompli ? ».

KNIGHT OF PENT
CABALLO DE OR
JUSTICE
LA JUSTICIA

PARTIE 3

APPRENDRE À TIRER LES CARTES

The Moon

RITUEL POUR ADOPTER UN NOUVEAU JEU

Les rituels sont un excellent moyen de se connecter à soi-même et à l'univers qui nous entoure. Ils nous permettent de mettre de la conscience dans notre quotidien et de donner un sens plus profond à nos actions. Les rituels peuvent être très différents les uns des autres, mais ils sont tous basés sur l'intention et la croyance que nous pouvons co-créer notre réalité.

C'est un merveilleux moyen de prendre du temps pour soi dans un monde où le temps nous est compté et où l'on a du mal à se poser.

LA MISE EN PLACE DES RITUELS

Dans notre cas, il est très beau de voir comment utiliser les rituels pour donner une dimension sacrée et magique à nos activités. En demandant à l'univers que votre nouveau jeu soit un outil magique et sacré, vous ouvrez la voie à de nouvelles expériences et à de nouvelles possibilités.

Il est important de souligner que chacun est libre de pratiquer les rituels comme il l'entend. Il n'y a pas de bonne ou de mauvaise façon de faire, tant que cela vient du cœur et est aligné avec nos valeurs et nos intentions.

> * Pour ma pratique personnelle, qui ne suit aucune règle universelle, j'essaie de toujours débuter ma connexion avec un nouveau jeu en étant propre, douchée en conscience. Mais vous pouvez juste vous laver les mains en demandant que l'élément Eau nettoie vos énergies.

Cette eau pour vos mains ou votre douche peut avoir été mise sur un rebord de fenêtre lors de la pleine lune avec une intention –

collée dessus ou posée sous la bouteille en verre – comme « purification », ou « amour », ou « bonheur », ou encore « renaissance », etc.

Par exemple, lorsque je prends ma douche, je demande toujours que l'eau m'allège avec cette phrase :

« Que tout ce qui est bloquant ou limitant disparaisse en se transformant en lumière, que tout ce qui m'élève rayonne ou soit amplifié », et je finis chaque demande par « qu'il en soit ainsi » parce que j'aime le côté théâtral et sorcière de cette phrase. Je visualise ce processus en même temps que je me nettoie et cela me fait du bien.

* La seconde étape est de vous visualiser mentalement dans une bulle, un espace sacré, votre *safe place*. Vous pouvez vous installer dans un endroit que vous appréciez, et même fabriquer dans une pièce que vous aimez un petit autel sur lequel vous placerez votre jeu de cartes, comme un endroit magique dédié à votre pratique.

Personnellement, j'ai créé un petit autel sur ma table avec une bougie et un coussin. Je mets en place une carte qui m'inspire selon l'énergie qu'elle dégage, et des trésors de la nature comme de la cannelle, de la badiane, une pomme de pin, une pierre, un coquillage, une figurine, un peu de laurier, etc. Des éléments qui font sens pour moi. Une fois votre espace en place et votre bulle mentale visualisée, vous pouvez respirer trois fois en conscience pour vous ancrer, vous sentir présent ici et maintenant. Mais vous pouvez aussi tirer les cartes dans un bar, en pleine nature ou autre ! Soyez libre !

QUELQUES EXERCICES DE RESPIRATIONS

Il y a des exercices de respiration intéressants à faire pour s'ancrer, ce sont les exercices de cohérence cardiaque. Vous pouvez d'ailleurs trouver des applications pour cela. L'exercice que je fais régulièrement est celui du chaudron rempli d'eau lumineuse.

Imaginez que votre bas-ventre est un chaudron ou un bol rempli d'eau lumineuse ou d'une sorte de fluide coloré – laissez libre cours à votre imagination.

En inspirant, imaginez cette eau traverser tout votre corps en montant du chaudron jusqu'au-dessus de votre tête.

Quand l'eau arrive au-dessus de votre tête, elle redonne à l'univers tout ce dont vous n'avez plus besoin.

Puis, en expirant, imaginez l'eau redescendre tout le long de votre colonne vertébrale pour revenir dans le chaudron.

Si l'eau ne vous parle pas, vous pouvez imaginer une flamme, un ruban, des racines, une graine qui grandit, un serpent, etc. Sinon, vous pouvez imaginer que cette eau qui vous connecte à l'univers vous connecte également à vos ressentis, à votre corps, et vous emmène dans un temps suspendu réservé à votre pratique. Vous êtes libre d'imaginer ce que vous voulez, tant que cela fait sens pour vous.

LE PREMIER TIRAGE DE CONNEXION

Une fois cela fait ou non, vous pouvez prendre un peu de temps pour regarder votre jeu et procéder à votre premier tirage de connexion.

Je vous propose celui-ci :

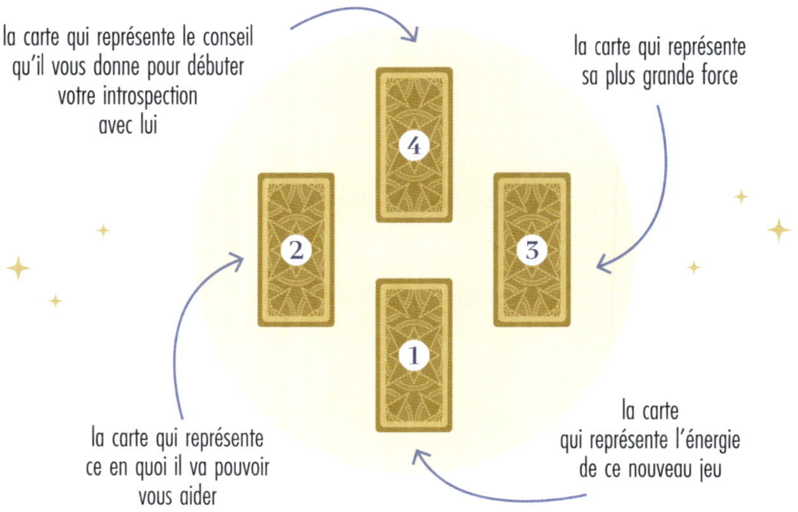

Pour comprendre un jeu, il faut prendre le temps de le découvrir et d'expérimenter chaque arcane. Lisez tranquillement le livret fourni avec votre paquet, regardez les cartes, imprégnez-vous-en.

L'INTÉGRATION DES CARTES DANS VOTRE QUOTIDIEN

Cependant, il y a aussi des petites astuces pour intégrer les jeux dans votre routine.

- **Débuter un cahier de travail sur les cartes.** Personnellement, j'écris beaucoup sur des carnets. J'ai un cahier dédié avec mes tirages importants, mes réflexions, mais également chaque arcane expliqué avec mes mots, mes sensations, etc.

J'utilise quotidiennement la technique du *journaling* : en notant les épreuves que vous vivez, vos réussites, vos échecs, vos prises de conscience, vous avancerez sur le chemin de la compréhension de votre manière d'être et vous trouverez du réconfort à relire les messages donnés par les cartes que vous avez tirées avec, par exemple, les tirages que je vous propose dans ce livre.

* **Tirer une carte le matin sans la regarder, et la découvrir le soir.** Posez-la sur votre bureau, et lorsque votre journée est terminée, regardez-la. Essayez de voir le rapport entre l'arcane tiré et les événements de votre journée. Notez-le dans un journal de bord si cela vous aide, pour y repenser plus tard et comprendre mieux le message de chaque carte.

* **Dormir ou méditer avec un arcane.** Si vous ne comprenez pas bien un arcane, en dormant avec, vous pouvez faire des rêves qui y sont liés. Si, au contraire, vous avez besoin de l'énergie d'une carte comme celle de la Force, qui invite à maîtriser ses pulsions, mettez-la sous votre oreiller. Cela pourrait vous aider à intégrer cette énergie si vous croyez à ces pratiques.

* **Disposer une carte sur votre autel**, ou dans un endroit devant lequel vous passez souvent. Si vos envies du moment sont le bonheur, la construction, etc., vous pouvez choisir une carte reliée à cette énergie et méditer dessus ou juste la poser chez vous à un endroit visible en lui demandant de vous aider à rayonner. Vous pouvez également demander au maître de l'arcane d'expérimenter l'énergie de tel ou tel arcane dans votre vie. Par exemple, si vous devez animer une conférence, le Pape pourra peut-être vous enseigner l'art de l'éloquence, l'Hermite pourra vous guider, l'Empereur pourra vous structurer, etc.

* **Mettre une carte sous une carafe d'eau pendant 24 heures pour que sa vibration se diffuse dans l'eau, que vous pourrez boire ensuite, ou mettre dans votre bain, pour assimiler son énergie.** En mettant la Tempérance sous la carafe l'arcane vous aidera à ne pas tomber dans les excès mais à vous équilibrer. Autre exemple : le Pendu sera très utile si vous avez besoin de prendre du recul sur une situation, de vous détacher de certains liens familiaux toxiques. C'est singulier mais rappelons que les chrétiens vont chercher de l'eau bénite pour leur porter chance, et que cette pratique est ancrée dans les mœurs. Donc tranquillisez-vous sur ce qui fait sens pour vous dans votre pratique, et allez faire un tour dans des magasins de diverses religions afin de découvrir leurs rituels.

* **Mettre une carte que vous aimez comme fond d'écran** de téléphone ou d'ordinateur, pour que ses énergies vous inspirent et se diffusent autour de vous.

* **Garder une carte dans la poche** pour vous porter chance peut aussi être une bonne astuce. Nous pouvons comparer cela au rameau des chrétiens ou au symbole du *khamsa* dit « la main de Fatma ». Ce sont des symboles liés à la protection encore très utilisés aujourd'hui.

Faites preuve de créativité pour apprendre à connaître chaque carte de votre jeu, tout est permis. Il est primordial d'avoir en tête qu'il n'y a pas qu'une manière de faire, et surtout faites-vous confiance ! Votre méthode est la meilleure pour vous, libérez-vous des dogmes.

LES RITUELS DE PSYCHOMAGIE

Pour travailler avec les cartes, vous pouvez également utiliser des rituels de psychomagie. Ce terme a été inventé par Alejandro Jodorowsky, qui a « psychologisé » l'utilisation du tarot en rendant sa pratique introspective. Ces actes de psychomagie font office de rituels de guérison, des actes libérateurs pour reprogrammer notre inconscient.

Jodorowsky dit : « Nous trouvons dans l'arbre des endroits traumatisés, non digérés, qui cherchent indéfiniment à se soulager. De ces endroits sont lancées des flèches vers les générations futures. Ce qui n'a pas pu être résolu devra être répété et atteindre quelqu'un d'autre, une cible située une ou plusieurs générations plus loin. » Il nous invite alors à créer des rituels de mort symbolique pour apaiser notre inconscient et pour dévier ces flèches.

Un acte psychomagique peut être, par exemple, fabriquer quelque chose de symbolique, l'enterrer, porter un certain vêtement ou bijou en conscience, planter une graine sur un arcane du tarot pour faire germer une énergie ou la donner à la terre, écrire des mots puis les déposer dans une rivière, écrire des lettres à ceux qui nous ont blessés pour guérir, les poster sans adresse, offrir à la terre une pierre brisée qui représenterait des parties de nous dont on ne veut plus, poser des fleurs au cimetière, planter un arbre pour une naissance, écrire un mot derrière une carte et la brûler, etc.

En somme, tous les rituels sont personnels, les symboles ne parlent parfois qu'à nous-mêmes, comme la croix de votre grand-mère ou les roses que préférait votre mère. C'est la même chose avec les cartes, donc croyez en votre intuition et créez des rituels avec les cartes qui font sens pour vous. Le but n'est pas de copier ce que font les autres, mais plutôt de vous imprégner de l'énergie des symboles pour créer votre magie personnelle.

XVII THE STAR
LA ESTRELLA

son of cups
the hermit

COMMENT POSER LES BONNES QUESTIONS ?

LES QUESTIONS OUVERTES ET LES QUESTIONS FERMÉES

Pour commencer, je vous invite vivement à suivre la consigne :

1 question précise = 1 carte

Comme dans tout, préférer la qualité à la quantité est une règle précieuse. Sortir dix cartes pour une question trop vague va vous embrouiller l'esprit. Alors que poser une question précise en ne tirant qu'une seule carte, y réfléchir, creuser, essayer de comprendre son message en écrivant sur votre journal, tout cela peut être beaucoup plus intéressant.

Pour que mes tirages soient axés connaissance de soi et développement personnel, j'essaie d'éviter le plus possible les questions fermées, c'est-à-dire les questions auxquelles il faut répondre par « oui » ou par « non ». Cela n'apporterait pas grand-chose et ne m'aiderait pas à voir mon besoin sous tous les angles. Ce que je trouve plus puissant est de questionner notre inconscient grâce aux cartes.

Commencer une question par « est-ce que » peut être bloquant dans certaines situations et selon votre jeu de cartes, surtout si vous n'êtes pas encore bien connecté à lui.

En posant des questions ouvertes, je peux noter sur mon journal les cartes qui sont arrivées à moi et me poser des questions à partir de ces cartes, cela me permet de *brainstormer* sur ma situation, de constater les tenants et les aboutissants et de comprendre les enjeux en étant souveraine et responsable de mes actes.

J'utilise des questions très précises et ouvertes.

De quelles énergies ai-je besoin pour :

- changer de travail ?
- déménager ?
- guérir de ma blessure d'abandon ?
- apaiser mon mental ?
- retrouver un équilibre sentimental ?

Voici d'autres exemples de questions ouvertes :

* Quelle est la raison profonde de ce conflit d'intérêts avec ma mère ?
* Comment va progresser ma relation avec mon père, dans un mois ?
* Comment va progresser ma relation avec Robert, dans six mois ?
* Comment me préparer à cette journée du lundi 8 octobre ?
* Quelle posture suivre pour réussir à sortir de cette épreuve que je vis au travail ?
* Quelle attitude prendre dans telle situation précise ?
* Que va m'apporter ce déménagement ?
* Qu'est-ce qui se joue dans cette nouvelle étape de ma relation amoureuse ?
* Quel sera le déroulement de ma vie sentimentale avec Paul ?
* Quel est l'avantage de ce nouveau travail en ville ?
* Qu'est-ce que mon client idéal aime dans mes accompagnements ?
* Quel premier pas faire pour reprendre confiance en moi ?
* Quelle carte représente mon état émotionnel du moment ?
* Quelles qualités innées puis-je mettre en avant pour actionner le changement ?
* Que me conseillent les cartes pour sortir de cette situation ?
* Quelle carte me représente dans ce changement de maison ?
* Quelle carte symbolise ce nouvel amoureux ?
* Comment avancer sur mon projet de maison ?

Nous ne cherchons pas à trouver des réponses dans les cartes, mais à trouver des réponses en nous, avec l'aide des cartes.

Vous l'aurez compris, il faut en premier lieu réfléchir à la question que l'on va poser, comment la tourner pour vraiment creuser le sujet. Si je vous invite à commencer par poser une question précise en tirant une seule carte, c'est pour vous habituer à communiquer avec vos cartes. Évidemment, si cela ne vous convient pas, faites comme bon vous semble.

COMMENT COMPRENDRE LE MESSAGE DES CARTES ?

SAVOIR ÉCOUTER SON CŒUR D'ENFANT

Suivre les règles créées par des inconnus ne fait pas sens pour moi. Je pense plutôt que la magie est en nous, dans notre cœur d'enfant, colorée par nos histoires, nos pensées, et que pour comprendre le message des cartes, il faut se connecter à ce cœur qui sait, qui sent, pour sortir du mental qui souvent nous détourne de nos émotions.

Prenez une carte dans vos mains, fermez les yeux, inspirez profondément en demandant à la carte quel message elle a besoin de vous délivrer. C'est ma technique préférée !

Mais j'ai tout de même quelques astuces pour décrypter leurs messages... Que ce soit avec un oracle, des runes, des dominos ou un tarot, chaque objet porte un message différent, une énergie différente, et son message aura une saveur différente selon la personne que vous êtes, c'est-à-dire qu'une carte avec un dessin de roses peut symboliser l'amour pour une personne, et la féminité pour une autre. Nous pouvons imaginer que chaque personne a un lexique différent pour chaque jeu. L'idée est donc de se fier à son intuition pour comprendre ce que les cartes nous transmettent. Chacun est libre de se créer son propre lexique, son propre langage invisible avec son jeu.

DÉCRYPTER L'ENVIRONNEMENT

Quel est l'environnement qui se trouve sur la carte que vous avez tirée ?

Si sur cette carte il est question de nature, de forêt apaisante, alors vous aurez déjà une idée de l'ambiance générale du message qu'elle veut vous délivrer.

Si c'est une tour, avec une grande porte et une clef, vous pouvez créer dans votre tête une histoire. On a tous les éléments : la clef, la porte... mais la clef correspond-elle à la serrure de la porte ?

À l'inverse, si c'est une ville, une prison, un mot, il est important de décrypter ce que ce lieu vous inspire. Est-ce qu'il y a des animaux ? Des humains ? Y a-t-il de l'eau ? Du feu ? Puis déduisez-en ce que vous voulez, ce qui fait sens pour vous.

ANALYSER LE MOUVEMENT

Est-ce qu'il y a du mouvement dans votre carte ?

Si votre question porte sur un changement potentiel, il peut être favorable de tirer une carte sur laquelle un mouvement est représenté : un bateau ou une voiture, par exemple.

Si votre question porte sur une action, regardez la carte pour voir si le personnage est en mouvement, s'il est assis, debout, en chemin, déterminé ou non, passif ou actif, lent ou rapide, etc. Tout cela donne des indications sur le message délivré.

REMARQUER LA DIRECTION

On le sait, le passé est représenté par la gauche, le présent par le centre, et le futur par la droite, ce qui peut vous donner des indications sur les cartes que vous avez tirées !

Si un personnage regarde vers la droite, cela peut nous parler de futur, et si, sur la droite, vous avez sorti une autre carte, il peut être intéressant de décrypter ce qu'il essaie de vous montrer.

INTERPRÉTER LES SYMBOLES

Les symboles sont assez universels. Par exemple, le soleil est souvent considéré comme une source de réconfort et de positivité, tandis que les oiseaux évoquent la communication et la liberté. Le blé est associé à l'abondance et à la fertilité...

Nous avons tous cette connaissance en nous ; il suffit de faire confiance à notre intuition pour ressentir les énergies qui émanent de ces symboles. Si vous souhaitez en apprendre davantage sur ce sujet fascinant, je vous recommande vivement d'acquérir un dictionnaire des symboles.

réconfort, positivité

comunication, liberté

abondance, fertilité

trahison, manipulation

communication, message

loyauté, amitié

stabilité, sécurité

chance, victoire

engagement, promesse

VOIR LES COULEURS

Les couleurs peuvent également vous indiquer des choses. Je vous donne ici une liste non exhaustive ; selon les pays, les couleurs ne signifient pas la même chose, donc fiez-vous à vos ressentis :

- l'ancrage, la terre, la nature.
- les sentiments, la relaxation, les relations.
- l'action, la sexualité, la fougue, la colère, la guerre, le feu.
- la confiance, l'enthousiasme, la créativité.
- le succès, l'optimisme.
- la chance, l'argent.
- les émotions, l'harmonie, les énergies, l'eau, la paix.
- la spiritualité, l'imagination.

COMPRENDRE LES CHIFFRES

Si vous aimez la numérologie, vous savez que chaque chiffre porte une énergie. Parfois, les cartes ont des chiffres notés sur leurs dessins, je vous donne ici un aperçu des mots-clés de chaque chiffre :

Le chiffre 1

Mots-clés : commencement ; graine plantée ; naissance.

Le chiffre 2

Mots-clés : association ; harmonie ; couple ; coopération.

Le chiffre 3

Mots-clés : expression ; authenticité ; créativité ; communication.

Le chiffre 4

Mots-clés : structure ; courage ; sérieux ; persévérance.

Le chiffre 5

Mots-clés : crise ; mouvement ; changement ; liberté.

Le chiffre 6

Mots-clés : foyer ; famille ; partage ; générosité ; harmonie ; responsabilité.

Le chiffre 7

Mots-clés : sagesse ; analyse ; pause.

Le chiffre 8

Mots-clés : équilibre ; infini ; réussite ; expansion.

Le chiffre 9

Mots-clés : fin de cycle ; point culminant ; accomplissement.

Pour aller plus loin dans l'écoute de votre intuition pour interpréter les cartes, je vous propose un tirage sur le thème de l'intuition. En effet, certaines personnes s'entraînent régulièrement à deviner quelle carte va sortir, quel événement va se produire, si c'est quelque chose qui vous amuse, voici une façon de creuser le sujet :

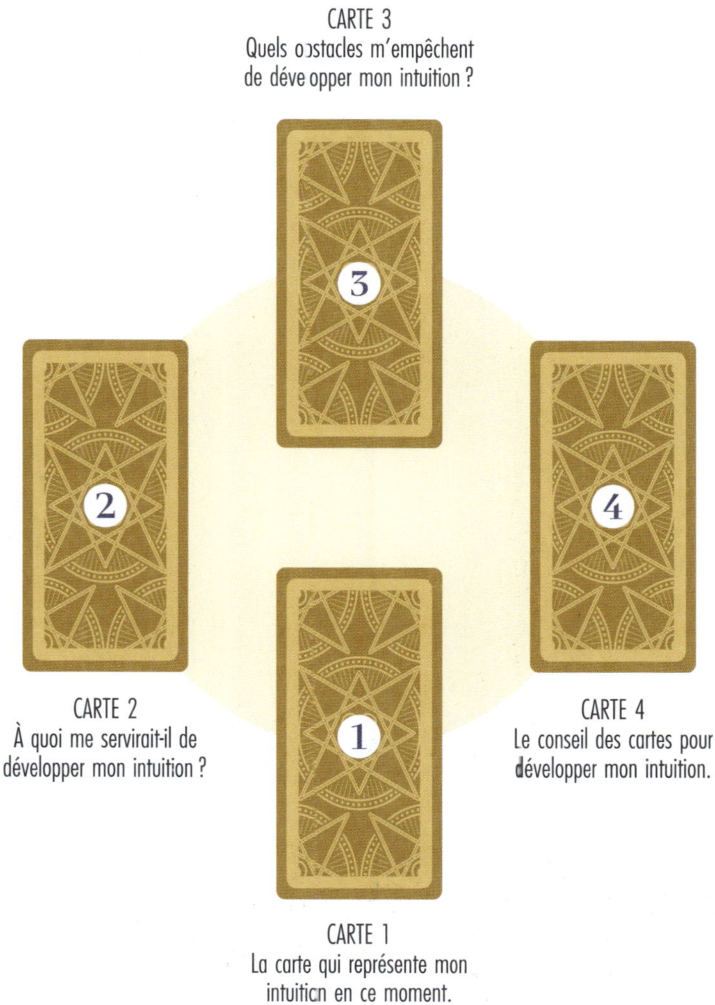

THE HIGH PRIESTESS
JUDGEMENT.
THE STAR.
WHEEL of FORTUNE
THE WORLD.

COMMENT TIRER LES CARTES ?

CRÉER SON PROPRE CARNET D'INTERPRÉTATIONS ET SE FAIRE CONFIANCE

Utilisez un journal de tirages pour voir vos avancées, vos émotions, travailler sur la gratitude du chemin parcouru, observer les tirages avec du recul pour capter ce que les cartes avaient voulu dire, etc. Désormais, vous savez quoi regarder et comment faire pour ressentir une carte. À présent, je vais vous proposer de créer votre propre carnet d'interprétations.

POUR UTILISER LE TIRAGE DES CARTES COMME OUTIL DE CONNAISSANCE DE SOI

Lorsque l'on utilise les cartes pour le développement personnel, chaque carte peut nous emmener à nous poser encore d'autres questions pour creuser en profondeur.

On appelle cela « le travail de l'ombre » : aller profondément en nous pour comprendre ce qui se joue dans chaque événement, dans chaque situation, et avancer plus sereinement. Donc pour chaque carte tirée, l'interprétation peut être multiple.

Admettons que votre questionnement porte sur votre vie professionnelle, vous pouvez demander :

« Quelles sont les qualités que je devrais mettre en avant pour enfin trouver un travail qui me convient ? »

Vous tirez la carte d'un Lynx. Sur votre journal, il faudra répertorier toutes les qualités des Lynx, pour voir en quoi elles résonnent avec vous.

Si vous tirez la carte du Chariot du tarot de Marseille, vous pourrez noter que vos qualités sont, par exemple, d'aller de l'avant, d'oser vous montrer, de savoir jouer un rôle en société, en plus de toutes les qualités que vous aurez comprises en vous connectant à l'archétype du Chariot.

Si la carte qui arrive est celle de la Ruine, dans *L'Oracle de Belline*, vous savez que votre qualité est la résilience, la possibilité de repartir de zéro et de toujours innover, mais cela peut aussi venir vous parler de biens immobiliers ; peut-être que les cartes vous donnent un message concernant vos aptitudes à vendre des châteaux en ruines ou à pratiquer la rénovation, à vous de comprendre le message !

POUR UTILISER LE TIRAGE DES CARTES DANS LA DIVINATION

Si vous voulez savoir ce que les cartes ont envie de vous répondre sur un sujet spécifique, vous allez utiliser des questions fermées de type « est-ce que », la réponse sera plutôt un « oui » ou plutôt un « non »

Mais comment savoir qu'une carte nous dit « oui » ou « non » ? En créant votre code avec elles ! Pour commencer, vous pouvez tout à fait vous créer deux cartes avec du carton, une face « oui », une face « non » ! C'est basique et binaire, mais cela peut vous permettre de vous entraîner à deviner quelle carte va arriver, pour travailler votre intuition par exemple

Ensuite, il suffira de prendre dans votre jeu des cartes qui ont quelque chose en commun, par exemple instaurer avec votre jeu que les cartes actives, avec du mouvement, sont plutôt un « oui », et que les cartes passives, avec des personnages en pause, ou assis, des images sans actions, sont plutôt un « non ».

Il est possible de choisir un autre code, par exemple les cartes sombres sont un « non », les cartes lumineuses sont un « oui ». C'est à vous de voir !

Pour aller plus loin et apporter des nuances, il va falloir faire travailler votre imagination. Admettons que vous demandez si votre décision de voyager est la bonne, et que la carte tirée représente un coffre-fort, qu'en déduisez-vous ?

En premier lieu, je vous invite à vous poser toujours les mêmes questions :

- Quel est l'environnement ? Du soleil, des nuages ?
- Y a-t-il du mouvement dans la carte ?
- Le coffre est-il vide ou rempli ?
- Semble-t-il ancien ou récent ?
- Quand vous prenez la carte dans vos mains, ressentez-vous quelque chose ?

Personnellement, le coffre-fort me donne l'impression que l'on parle d'un trésor à découvrir, donc j'interpréterais cela comme un grand « oui » !

Si, pour la même question, la carte qui sort représente de l'argent, elle peut venir vous parler de vos dépenses : êtes-vous sûr que les achats qui découleront de ce voyage seront possibles pour vous ?

Si la carte qui sort est liée aux peurs de votre jeu, demandez-vous si fuir votre quotidien est la meilleure des solutions ou si, justement, voyager vous fera travailler sur vos peurs. À ce compte-là, pour pouvez retirer une carte avec une autre question du type : « Quelle peur vais-je travailler lors de mon voyage en Écosse du mois de mai ? » Pensez toujours à être très précis dans vos questions.

LIRE LES CARTES À L'ENVERS ?

Certaines personnes considèrent que si la carte sort à l'envers, il faut la lire de manière négative, et que si elle sort à l'endroit, il faut l'interpréter de manière positive. Personnellement, je ne fais pas cela, car j'aime que les réponses soient nuancées : ce n'est jamais un « non » catégorique, un « oui » catégorique, c'est toujours « oui si tu vois cela comme cela », « non si tu penses qu'il pourrait t'arriver cela ». Je trouve dangereux de donner des réponses trop rigides. Je préfère penser que les cartes sont là pour faire ressortir certaines idées à considérer, pour nous aider dans nos choix.

AVEC QUELLE MAIN ?

Vous l'aurez compris, les règles figées, les dogmes, les « on a toujours fait comme cela », me semblent plus toxiques et limitants qu'autre chose. Si vous aimez l'idée que la main gauche, reliée au cœur, est la plus fiable, utilisez-la. De mon point de vue, je suis gentille avec mon corps, je considère que même si je tirais les cartes avec ma bouche, je pourrais y trouver des réponses. Je vous invite à ne pas voir le monde de manière manichéenne, rien n'est négatif ou positif, mettons des nuances et de l'amour dans nos esprits, et aimons nos deux mains.

CHOISIR UNE CARTE COMME PIÈCE CENTRALE D'UN TIRAGE

Une technique que je trouve intéressante pour débuter est d'utiliser une carte sur le thème que l'on veut questionner.

Par exemple, si votre question porte sur votre emploi, mettez au milieu du tirage, face visible, la carte de votre jeu qui, selon votre interprétation, représente le travail.

Une abeille par exemple, ou une araignée, un ouvrier, un marteau... la carte de votre choix qui vous fait penser au travail. Ensuite, créez les questions autour de cette carte, cela peut vous aider à rester concentré sur le thème de votre tirage et inviter les énergies du travail autour de vous.

Cette technique peut être utilisée pour approfondir un jeu de cartes, par exemple si vous voulez comprendre l'arcane du Bateleur, mettez-la au milieu, face visible, devant vous, et questionnez les autres cartes sur ses énergies :

CARTE 1	CARTE 2	CARTE 3
Quelle carte représente l'énergie du Bateleur ?	Quelle carte représente les valeurs du Bateleur ?	Quelle carte représente les forces du Bateleur ?

Et ainsi de suite... Vous pouvez aussi mettre un mot au milieu de votre tirage, une photo ou un objet, c'est comme vous voulez !

ENTRETENIR ÉNERGÉTIQUEMENT SON JEU

Chacun a ses petites manies pour tirer les cartes, ses petits rituels. Personnellement, je passe environ une fois par mois mon paquet dans la fumée de plantes séchées de mon jardin (laurier, lavande, sauge ou rose par exemple) en demandant qu'il me délivre des messages justes et clairs, entre chaque tirage. Je souffle sur les cartes trois fois et je les mélange très souvent. Le souffle est très important en magie pour concentrer et déplacer l'énergie. Souvent, quand nous éteignons une bougie après avoir fait un rituel, le souffle permet de clôturer le « ainsi soit-il », une sorte de bénédiction sur notre demande. Je me sers beaucoup du souffle, autant pour m'apaiser que pour mes prières. C'est comme lorsque l'on fait un vœu et que l'on souffle sur une fleur. Je trouve que ce geste symbolique est beau et doux, il représente le souffle de vie, et l'ouverture de l'esprit.

Vous pouvez trouver votre rituel personnel pour « remettre à zéro » les énergies de votre jeu, en plaçant, par exemple, votre jeu dans un tissu noir que vous visualiserez comme « réparateur » avec, pourquoi pas, une prière sortie de votre imagination écrite sur un papier déposé dans le tissu. Il est possible de mettre une pierre, une rune, une fève, une figurine ou une plante dédiée à l'harmonie sur votre jeu. Vous pouvez choisir une boîte qui sera le lieu où votre jeu reprendra de l'énergie. Vous pouvez également choisir de garder votre jeu toujours dans votre sac en considérant qu'il n'a besoin de rien d'autre. Je connais une sorcière qui, à chaque pleine lune, met des cendres de charbon et du sel sur chaque carte pour les purifier, en laissant son paquet au bord de la fenêtre pour recevoir les rayons de la pleine lune.

Comme toujours, je vous propose de ressentir les besoins de votre jeu et les vôtres pour déterminer que ce qui fait sens pour vous dans votre pratique personnelle, votre culture, votre religion, etc.

EXEMPLES DE TIRAGES DE CARTES

Voici quelques exemples de tirages de cartes. Vous pouvez prévoir des tirages de 1 à 10 000 cartes, tout est possible !

LE TIRAGE DU MATIN

Quelle attitude adopter pour passer la meilleure des journées ?

LE TIRAGE GÉNÉRAL

Quelle première action mettre en place pour [trouver un travail, avoir une meilleure santé mentale, me responsabiliser, etc.] ?

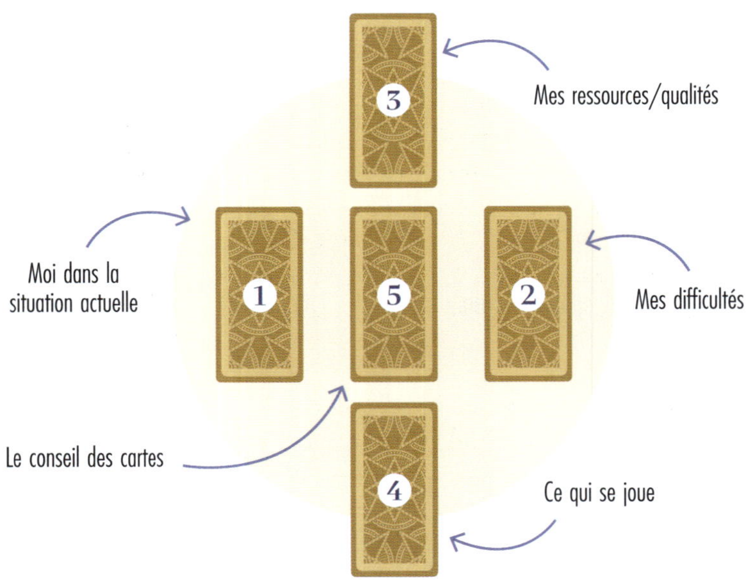

LE TIRAGE EN UNE CARTE

Quelle première action mettre en place pour [trouver un travail, avoir une meilleure santé mentale, me responsabiliser, etc.] ?

LE TIRAGE DE DÉBUT DE MOIS

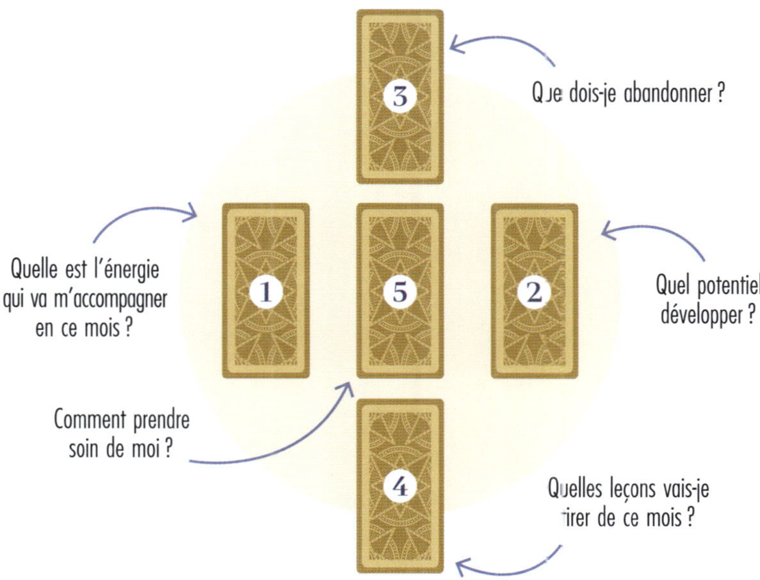

LE TIRAGE DE DÉBUT D'ANNÉE

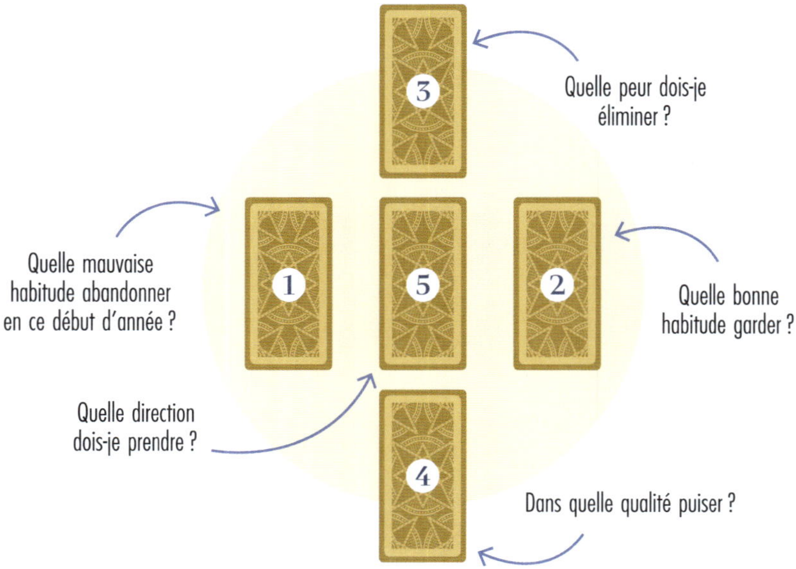

LE TIRAGE DE FIN D'ANNÉE

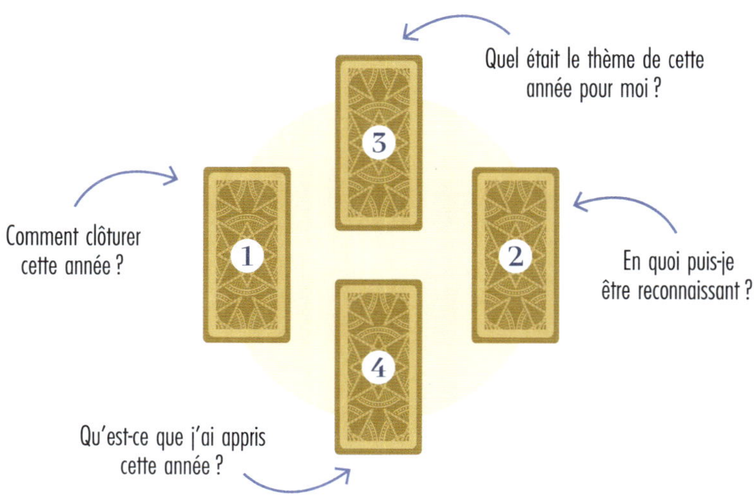

LE TIRAGE PROFESSIONNEL

LE TIRAGE DE L'AUTHENTICITÉ

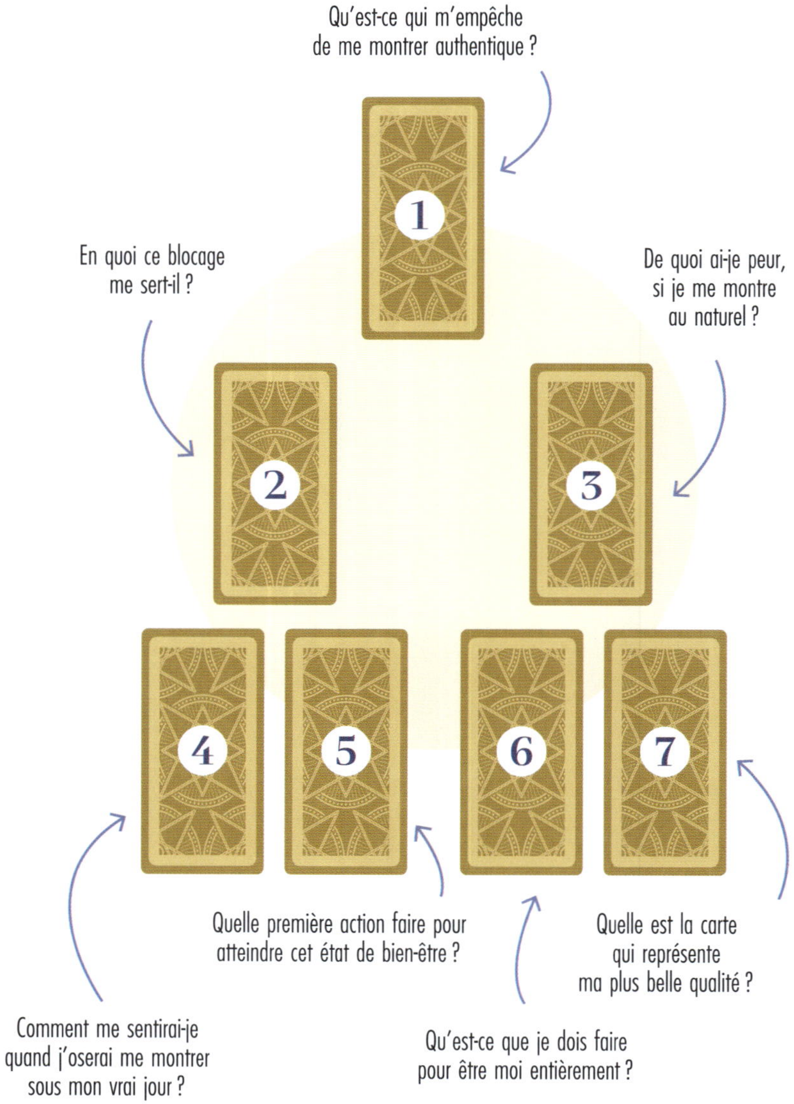

LE TIRAGE POUR UN PROJET EN PAUSE

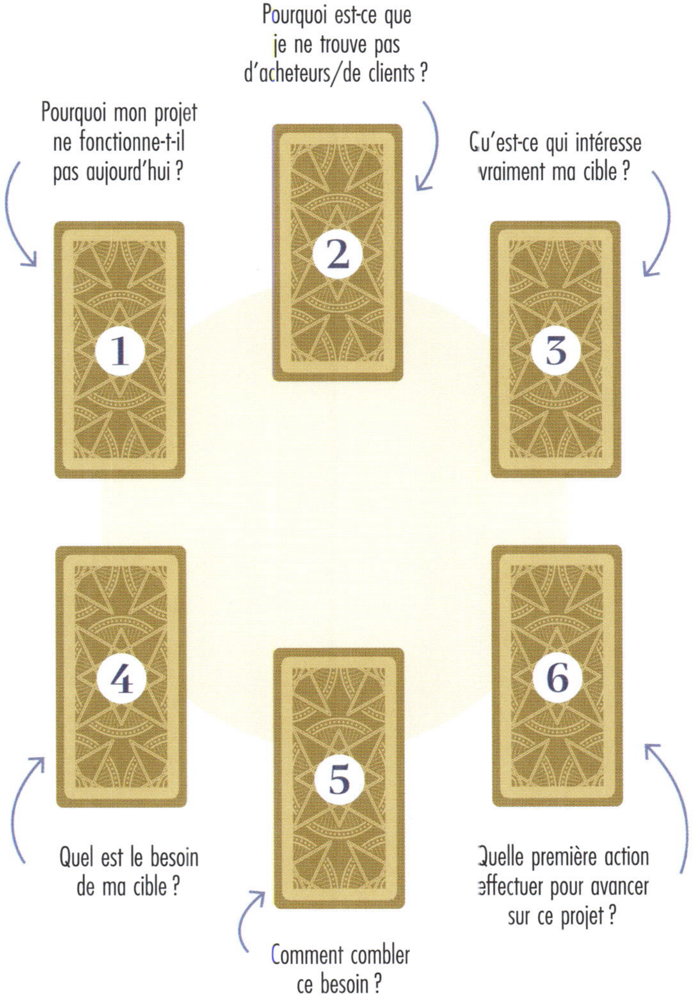

LE TIRAGE DES LIMITES

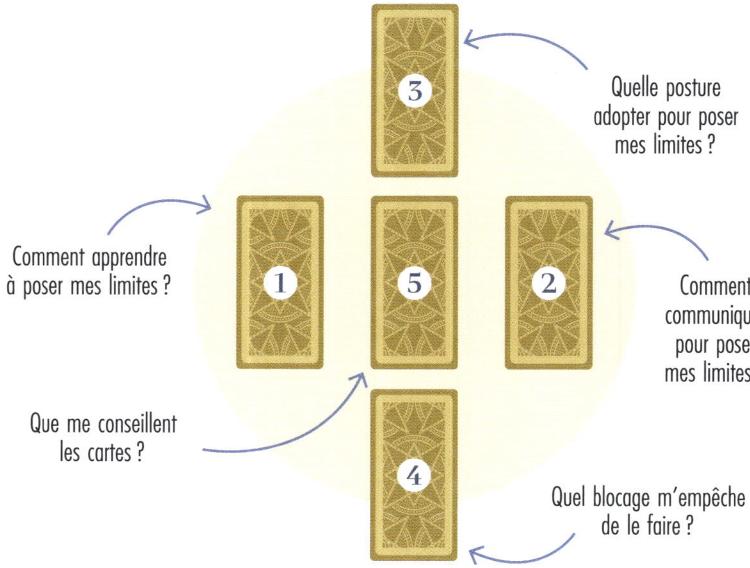

LE TIRAGE DES ÉMOTIONS

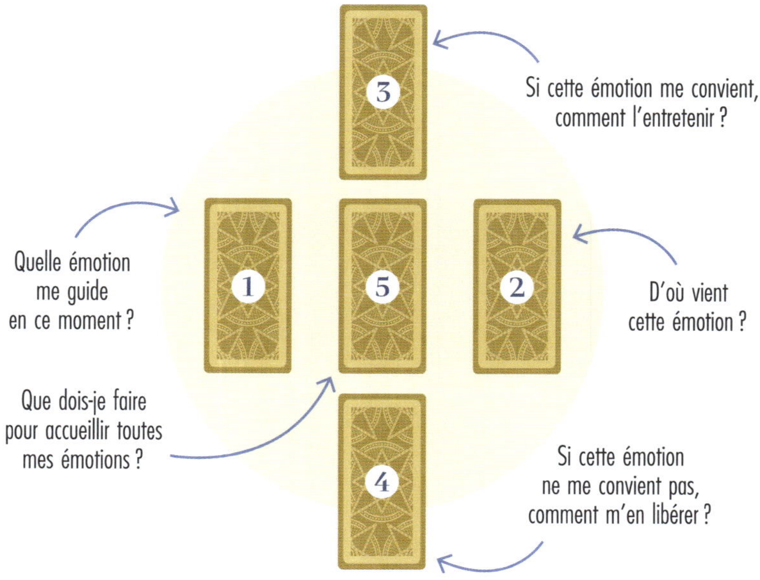

QUAND UNE SITUATION EST BLOQUÉE

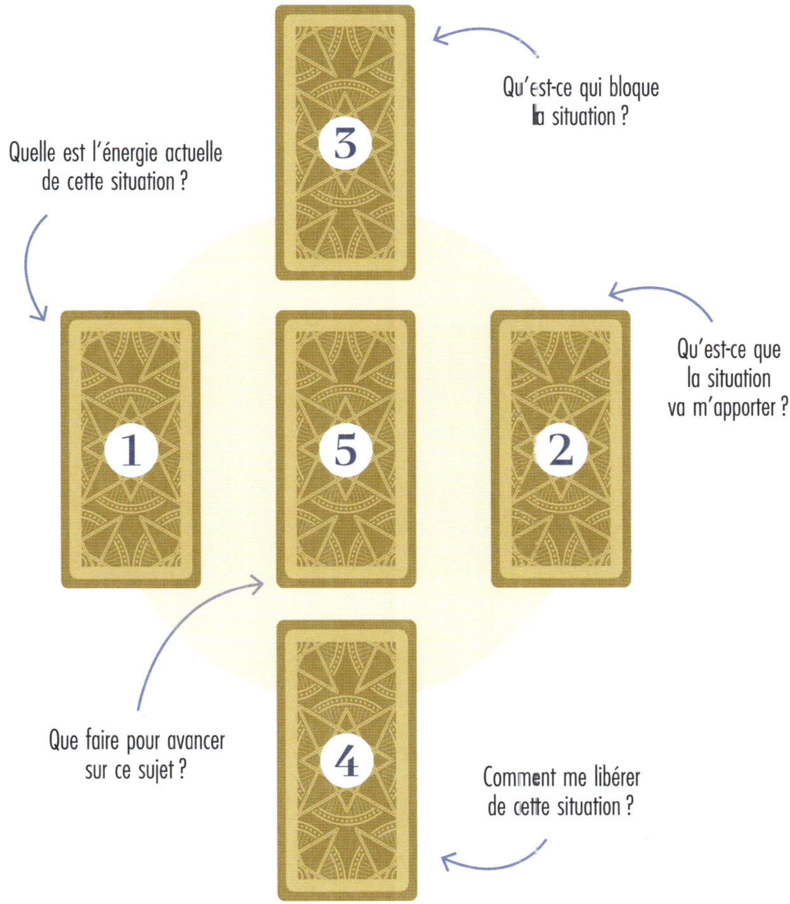

CONCLUSION

Avez-vous déjà entendu parler de cette histoire de la personne qui, s'étant fait mordre par un serpent, voulut à tout prix comprendre pourquoi le serpent l'avait attaquée ? Frustration, injustice, colère...

« Pourquoi moi ? Je n'ai pas mérité ça, je suis quelqu'un de bien, je travaille beaucoup, j'aime les animaux. En plus, ça aurait dû être Monique, je l'ai remplacée au dernier moment, c'est de sa faute, vraiment ce n'est pas juste ! ».

Et pendant ce temps, le poison s'immisçait dans tout son corps.

La morale de cette histoire, c'est que parfois, au lieu de vouloir trouver une raison à tout ce qui nous arrive, des coupables même, au lieu de vouloir connaître l'avenir, nous ferions mieux de nous offrir de l'amour et de prendre soin de nous. C'est ce que j'ai voulu faire passer comme message dans ce livre.

Oui, on peut utiliser les cartes sans être l'arrière-petite-fille d'une grande voyante parisienne des Années folles. Oui, on peut utiliser les cartes pour prendre soin de soi au présent et accepter nos émotions, les entendre, leur donner la place qu'elles méritent, sans pour autant vouloir connaître l'avenir ou le coupable de tous nos maux.

Allan Kardec, le père du spiritisme, qui vécut aux XIXe siècle, a cette phrase que j'adore gravée sur sa tombe au cimetière du Père-Lachaise :

« Naître, mourir, renaître encore et progresser sans cesse, telle est la Loi. ».

Je crois que nous sommes là pour vivre des expériences, ressentir des émotions, jouer le jeu de cette scène de théâtre humaine, rire, pleurer, grandir, etc. Et non pour avoir une mission, non plus pour devenir célèbres ni les meilleures versions de nous-mêmes, mais plutôt pour aimer la vie et répandre l'amour.

Alors, ne nous prenons pas au sérieux, jouons et entourons-nous des personnes qui nous apportent de l'amour pour leur en apporter en retour, j'espère que ce livre vous aura inspiré pour créer votre propre pratique. Votre chemin de vie n'est pas de faire comme les autres ou de suivre un dogme. Votre chemin est propre à vous, mettez-y les fleurs que vous voulez, la terre que vous aimez toucher, les cailloux qui vous plaisent, et tracez votre propre route.

INDEX

A
- Alchimistes, 17
- Âme, 11, 83
  humaine, 17
- Amour, 47, 79, 89
- Amoureux, 6, 38, 53, 99
- Ancrage, 105
- Ancrer, 89,
- Arcane, 6, 31, 37, 38, 39, 91, 92, 93, 94, 114
  majeurs, 18
  mineurs, 32, 33, 35, 38
  sans nom, 7, 39, 67
- Archétype, 38, 111
- Association, 30, 106
- Autel, 89, 92
- Avenir, 8, 9, 11, 16, 23, 124

B
- Bataille, 31
- Bateleur, 6, 38, 39, 43, 114
- Bâton, 16, 18, 32
- Belote, 28
- Bien-être, 18, 120
- Blocage, 61, 65, 69, 119, 120, 122
- Bridge, 31

C
- Carreau, 16, 32
- Cartes, 6, 7, 8, 9, 11, 16, 17, 18, 22,23, 24, 28, 29, 30, 31, 35, 38, 39, 41, 43, 45, 47, 49, 51, 53, 55, 57, 59, 61, 63, 65, 67, 69, 71, 73, 75, 77, 79, 81, 83, 85, 89, 90, 91, 92, 93, 94, 98, 99, 101, 102, 103, 106, 107, 109, 110, 111, 112, 113, 114, 115, 116, 117, 120, 122, 123, 124
  à jouer, 16, 28, 35
  arabes, 16
  européennes, 16
  jeu de, 16, 17, 18, 35, 89, 98, 111, 114, 125
  tirer les, 7, 85, 109, 115
- Cartomancie, 6, 8, 9, 11, 13, 22, 23, 28, 29, 33
- Cartomanciens, 8, 9
- Cavalier, 31
- Chariot, 6, 38, 55, 111
- Chaudron, 89, 90
- Chemin, 11, 38, 59, 91, 103, 110, 125
- Choix, 23, 53, 113, 114
  de vie, 22
- Cœur, 16, 32, 39, 53, 75, 88, 102, 113
- Compréhension, 91
- Connaissance de soi, 11, 17, 18, 29, 30, 38, 98, 110
- Connexion, 28, 75, 88, 90
- Conscience, 22, 81, 88, 89, 91, 94
- Conseils, 8, 9, 29, 90, 99, 107, 116, 120, 122, 123
- Contexte, 30
- Cosmique, 38
- Coupe, 16, 32
- Croyance, 8, 9, 16, 39, 47, 63, 88
- Culture, 16, 115

D
- Dame, 24, 31
- Décision, 9, 22, 23, 24, 112
- Denier, 16, 32
- Dés, 18
- Destin, 9, 23, 38, 61
- Développement personnel, 30, 98, 110
- Diable, 7, 39, 71
- Dimension, 88
- Discernement, 22, 23, 77
- Divertissement, 9, 17
- Divination, 8, 9, 16, 17, 18, 28, 29, 30, 111
- Dogmes, 93, 113, 125
- Dominos, 18, 102
- Don, 11, 75

E
- Eau, 88, 90
- Empereur, 6, 38, 49, 92
- En conscience, 88, 89, 94
- Énergie, 17, 32, 41, 43, 45, 47, 49, 51, 53, 55, 57, 59, 61, 63, 65, 67, 69, 71, 73, 75, 77, 79, 81, 83, 89, 90, 92, 93, 94, 98, 102, 104, 105, 106, 114, 115, 117, 123
- Environnement, 11, 16
- Épée, 16, 32
- Époque, 16, 34
- Épreuves, 91, 99
- Équilibre, 98, 106
- Esprit, 23, 55, 69, 98, 113, 115
  critique, 24
  ouvert, 18
- Étoile, 7, 39, 75
- Exercices, 89
- Expérience, 49, 88, 125

F
- Feuilles de thé, 16, 18
- Force, 6, 39, 63, 90, 92, 114

G
- Guérison, 69, 94

H
- Harmonie, 51, 57, 61, 69, 105, 106, 115

* **Hermite**, 6, 38, 59, 92
* **Histoire**, 6, 11, 13, 18, 24, 38, 102, 124

I
* **Imagination**, 16, 89, 105, 112, 115
* **Impératrice**, 6, 38, 47
* **Incarnation**, 38, 55
* **Inconscient**, 32, 77, 94, 98
* **Indications**, 9, 23, 103
* **Intégration**, 91
* **Intention**, 23, 88
* **Interprétation**, 9, 110, 114
* **Introspection**, 24, 38, 41, 43, 45, 47, 49, 51, 53, 55, 57, 59, 61, 63, 65, 67, 69, 71, 73, 75, 77, 79, 81, 83, 89, 90
* **Intuition**, 23, 45, 75, 77, 94, 102, 104, 107, 111

J
* **Journal**, 92, 98, 110, 111
* **Jugement**, 7, 39, 53, 65, 73, 81
* **Justice**, 6, 38, 57, 124

L
* **Lumière**, 11, 59, 89
* **Lune**, 6, 39, 77, 88, 115

M
* **Magie**, 17, 94, 102, 115
* **Magique**, 32, 88, 89
* **Magnétiseur**, 24
* **Maison Dieu**, 6, 39, 73
* **Mat**, 6, 39, 41
* **Méditation**, 18, 65
* **Message**, 7, 11, 17, 18, 22, 24, 28, 29, 30, 38, 91, 92, 98, 101, 102, 103, 111, 115, 124
* **Monde**, 7, 18, 38, 39, 51, 55, 75, 83, 88, 113
* **Mort**, 7, 39, 67, 94

O
* **Ombre**, 11, 110
* **Oracle**, 6, 27, 28, 29, 30, 35, 102
  Belline, 30, 111
  Gé, 30
* **Outil**, 11, 17, 18, 23, 29, 88, 110

P
* **Pape**, 6, 38, 51, 92
* **Papesse**, 6, 38, 45
* **Pendu**, 6, 39, 65, 93
* **Personnage**, 31, 38, 103, 112
* **Personnel**, 8, 9, 30, 88, 89, 94, 98, 110, 115
* **Pierre**, 89, 94, 115
* **Pique**, 16, 32
* **Plante**, 94, 106, 115
* **Pleine lune**, 88, 115
* **Poker**, 28
* **Populaire**, 16, 17, 18
* **Posture**, 99, 122
* **Pouvoir intérieur**, 22, 23, 35, 47, 71, 75, 90
* **Pratique** 8, 9, 16, 22, 88, 89, 90, 92, 93, 94, 111, 115, 125
* **Prédiction**, 9, 16
* **Prière**, 115
* **Psychomagie**, 94
* **Purification**, 89
* **Purifier**, 115

Q
* **Questions**, 7, 8, 9, 18, 22, 39, 41, 43, 45, 47, 49, 51, 53, 55, 57, 59, 61, 63, 65, 67, 69, 71, 73, 75, 77, 79, 81, 83, 97, 98, 99, 110, 111, 112, 114

R
* **Réalité**, 16, 22, 24, 88
* **Réconfort**, 91, 104
* **Réponses**, 9, 11, 18, 99, 113
* **Réussites**, 79, 91, 106
* **Rituels**, 7, 87, 88, 93, 94, 115
* **Roi**, 31
* **Roue de la fortune**, 6, 38, 61
* **Runes**, 16, 102, 115

S
* **Sacré**, 88, 89
* **Sagesse**, 23
* **Signification**, 8, 18
* **Soleil**, 7, 39, 79, 104, 112
* **Sorcière**, 89, 115
* **Symboles**, 8, 16, 18, 32, 33, 34, 94, 104
* **Symbolique**, 8, 94, 115

T
* **Tarot**, 6, 8, 17, 18, 27, 31, 32, 33, 34, 35, 37, 38, 39, 94, 102, 111
  de Marseille, 6, 17, 18, 31, 32, 33, 34, 35, 37, 38, 39, 111
  sources, 32
* **Tempérance**, 7, 39, 69, 93
* **Tirage**, 6, 9, 16, 17, 21, 22, 35, 90, 91, 98, 107, 110, 111, 114, 115 116, 117, 118, 119, 120, 121, 122
* **Tissu**, 115
* **Tour**, 7, 39 73, 93, 102
* **Travail**, 17, 18, 71, 91, 98, 99, 110, 114, 116, 117, 119, 124
* **Trèfle**, 16, 32

U
* **Univers**, 11, 22, 30, 88, 90, 104

V
* **Valet**, 31
* **Valeurs**, 11, 53, 81, 88, 114
* **Vertus**, 32
* **Vie**, 8, 11, 17, 18, 22, 23, 24, 33, 39, 49, 55, 59, 61, 63, 67, 71, 83, 92, 99, 110, 115, 119, 125
* **Voyant**, 24, 124

5, rue Saint-Germain l'Auxerrois 75001 Paris
Directeur de publication : Didier Ballot
Directrice éditoriale : Marie Roussos
Responsable éditoriale : Séverine Pedan
Édition : Morgane Kesteman
Correction : Géraldine Coullaud-Boudy
Création graphique et mise en pages : Hermine Blanquart
Couverture : Hermine Blanquart, © Shutterstock
Crédits iconographiques : © Shutterstock, © Freepik, © Unsplash
Suivi de fabrication : Typo'Libris

La Clairière des LIVRES
Pour chaque titre d'un livre imprimé, un arbre est planté dans une forêt de 15 hectares en Centre Bretagne.
www.typolibris.fr (by Printcorp)

ISBN : 978-2-38355-474-5
Dépôt légal : mars 2024

Achevé d'imprimer en janvier 2024 en Turquie par Typo'Libris